Abrazos de Meduza es el primer libro
en la serie de libros Below H_2O

Escrito por: Bessie Schenk

Colofón

Abrazos de Medusa ©
Un Libro de la Serie Below H2O ©
Una División de Happy Forward BV
Copyright © por Bessie Schenk

Texto & Ilustraciones: DTP-hulp.nl
Formato: DTP-hulp.nl
Fotos de la Autora e Ilustradora:
Paco van Leeuwen

Primera impresión: Mayo, 2024
ISBN: 9789083414416
NUR: 273
Editado en los Países Bajos
Impreso en Polonia
Registro de marca de la serie en progreso.

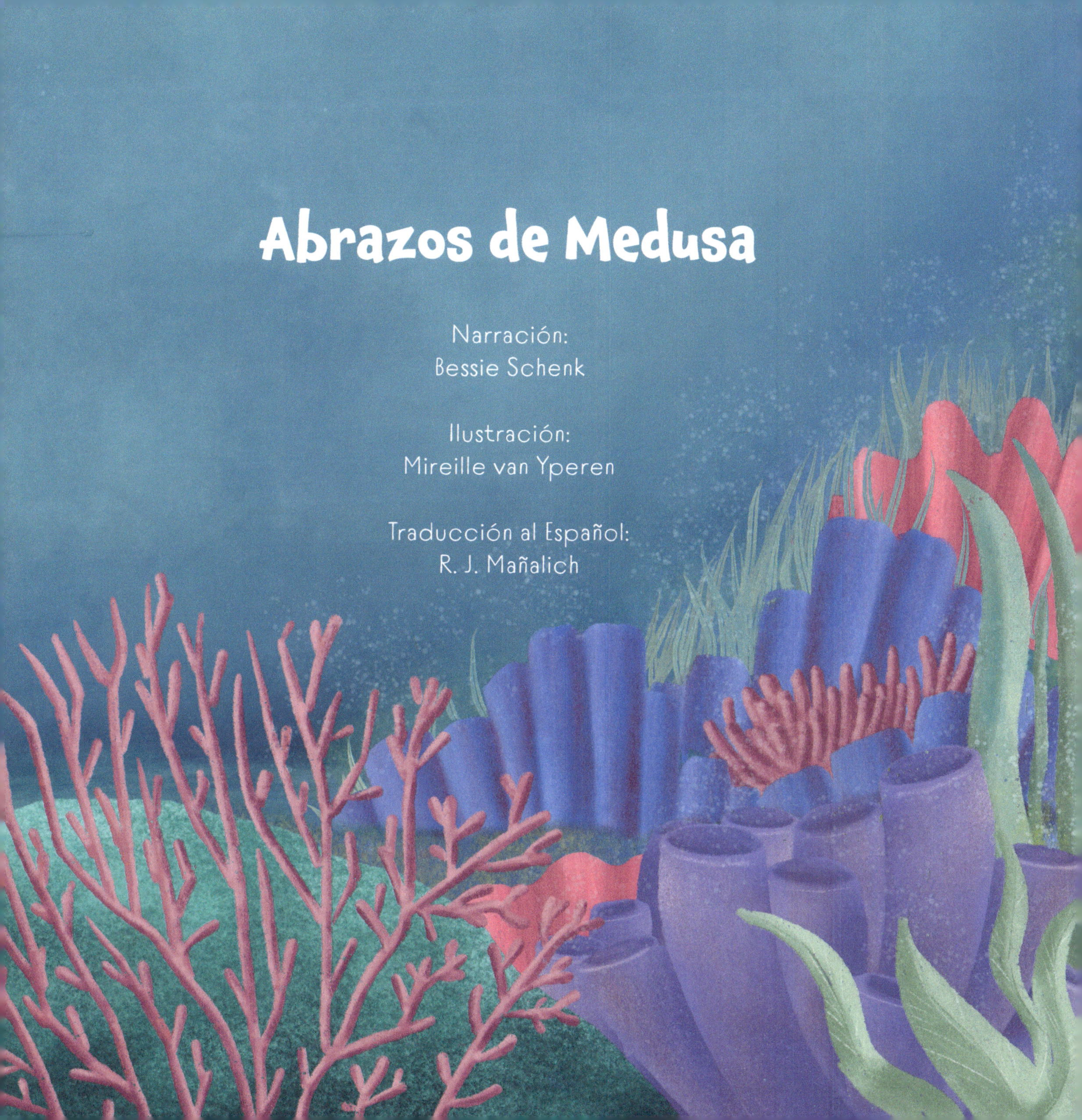

Abrazos de Medusa

Narración:
Bessie Schenk

Ilustración:
Mireille van Yperen

Traducción al Español:
R. J. Mañalich

Dedicado a Arya, Roberto y Adrienne

También a mi padre, Han. Quien me recuerda cada día que ser amable constituye el esfuerzo que más merece la pena.

Soy una Medusa.

No dejes que este elegante sombrero te engañe. Yo soy una de esas electrizantes criaturas submarinas que ves flotando cuando estás en el mar.

Y sí, es cierto, puedo picar. ¡Ay!... no es algo de lo que estoy particularmente orgullosa, en realidad es más bien para protegerme.

Por favor, no me malinterpretes, es que se nos hace difícil confiar lo suficiente como para acercarnos a ti. Esto es especialmente difícil para mí.

Mira, esta es la cuestión – No soporto ver
a alguien triste. ¡Nunca! El problema es que
cuando hay alguien triste, tengo este impulso
benévolo e incontrolable de... ¡ay!, te digo,

¡ABRAZAR!

Esto puede que no sea un gran problema
para ti, que estás leyendo esto, porque
seguro que tienes esas cosas mágicas que
les llaman brazos. Pero, yo tengo todos
estos tentáculos. Y para empeorar las
cosas, tengo dos que son extremadamente
largos y rebeldes.

Si, total y
completamente
REBELDES.

Apuesto a que ni siquiera lo notaste, porque sin que te dieras cuenta ya se han escapado de la página y han comenzado a envolverse alrededor tuyo para darte un gran apretón viscoso.

Siempre me están
metiendo en
problemas.

He tratado
de todo para
solucionar este
asunto.

He tratado de amarrarlos en un lazo.
¡Nada!

He tratado de pintarlos para que se confundan con el fondo marino.
¡Nada!

Incluso he tratado de ponerles zapatos para distraer a las personas y hacerles pensar que soy un cangrejo.
¡Nada!

Que conste, los cangrejos no
tienen tampoco el mejor trabajo.

Pero para mi el problema es que, en el
momento en que alguien llora, o se
siente triste, estos dos tentáculos
inquietos y extra largos parecen
tener voluntad propia.

Y hoy es Lunes, lo cual significa que es
día de colegio. ¡Ay! Y un GRAN ¡Ay!

Traté de evitar ir, pretendiendo
que tenía un caso agudo de
mareo marítimo, pero mi papá
no me creyó.

ABCDEF
GHIJKL
MNO
PQRS
TUV
Y
WX
Z

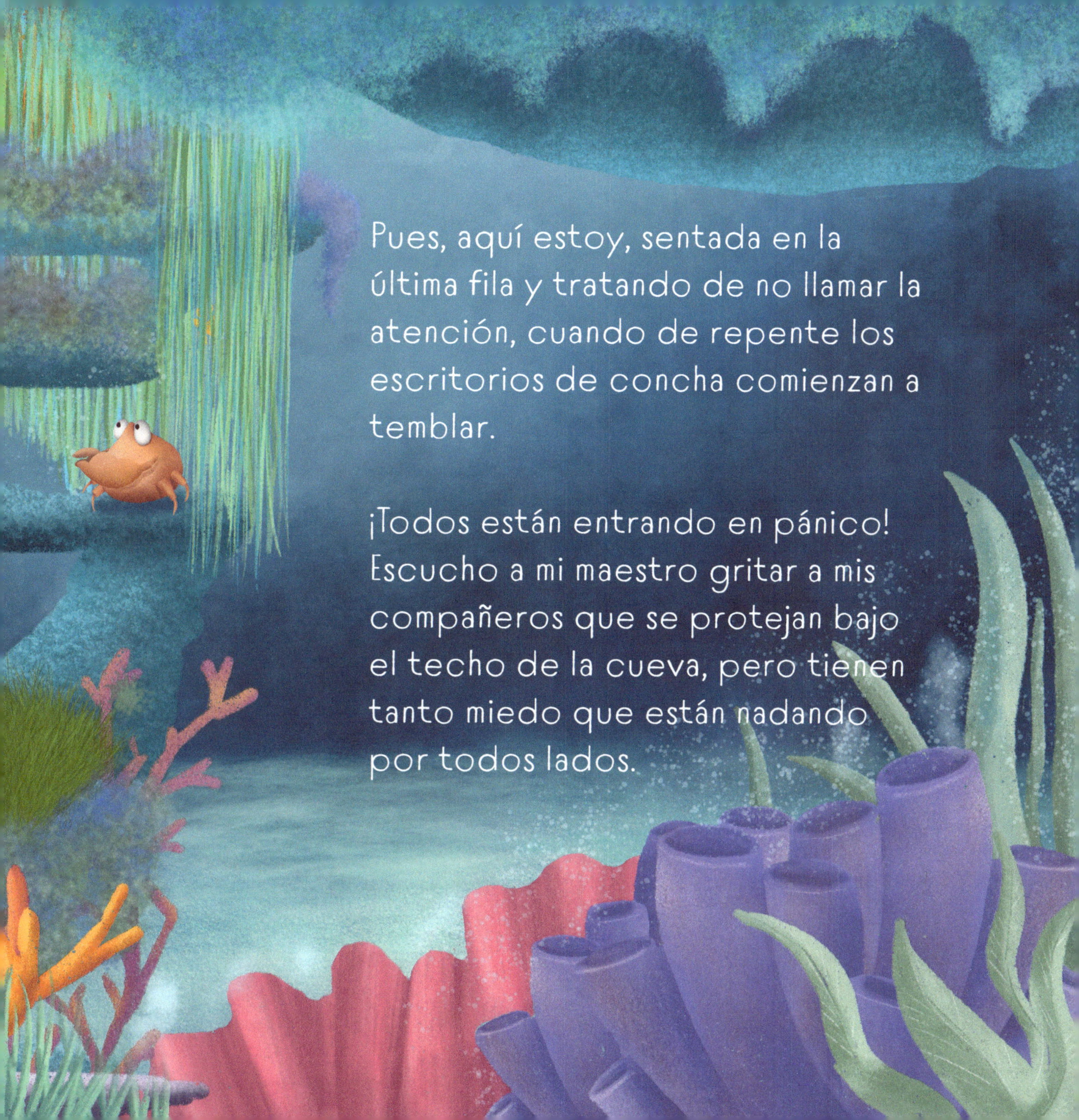

Pues, aquí estoy, sentada en la última fila y tratando de no llamar la atención, cuando de repente los escritorios de concha comienzan a temblar.

¡Todos están entrando en pánico! Escucho a mi maestro gritar a mis compañeros que se protejan bajo el techo de la cueva, pero tienen tanto miedo que están nadando por todos lados.

Sin pensarlo, los tentáculos
extralargos 1 y 2 se han puesto
en marcha.

Se han extendido y uno por uno han reunido
a todos mis compañeros de clase —incluso
al pez globo (que en este momento está
teniendo serios problemas de flotación)—
en un ¡ABRAZO gigantesco!
Al parecer, todos mis compañeros todavía
están asustados, pero de forma lenta y firme,
mi gran súper abrazo nos ha arrastrado a
todos hacia el techo de la cueva.

Después de lo que parecía ser una eternidad, el temblor cesó. Entonces, el polvo empezó a asentarse. Y pude ver de nuevo la pizarra de almejas y los escritorios de concha.

El aula es un
completo desastre.

Y entonces, escucho al
maestro preguntar:

¿Alguien está lastimado?

¿Cómo han llegado todos
al techo de la cueva?

Con muchos nervios, empiezo a retirar
muy lentamente mis tentáculos.

Pero no lo suficientemente rápido. Sin previo aviso, cada aleta, caparazón, cola y escama comienzan a girarse hacia mí.

No hay ni un solo sonido, sólo un montón de parpadeos.

¡Oh!

Me estoy
poniendo nerviosa.

¡Y entonces, algo sucedió!

Todos nadan rápidamente hacia mí,
empiezan a agradecerme y...

...me abrazan,
¡A MÍ!

No lo puedo creer.

Mmmm... quizás a partir de ahora
los Lunes no sean tan malos
después de todo.

Visita <u>BelowH2OBooks.com/fun_and_games</u>
para descargar y disfrutar de actividades gratis